PETIT ALPHABET FRANÇAIS,

DIVISÉ PAR SYLLABES,

POUR INSTRUIRE

LA JEUNESSE.

CHARTRES,

Chez GARNIER-ALLABRE, Libraire et Papetier, Places des Halles, N.º 17.

1828.

(782)

A a b c d e f
g h i j k l m n
o p q r ſ s t
u v x y z ç &
æ œ ᴂ ſt ſſ
ff fi ffi fi ffi.

1 2 3 4 5 6 7 8 9 0

A a b c d e f g h i j k l
m n o p q r s t u v x y
z & æ œ ct fi ffi fi ffi ff ft
st fl ffl sl ft ſb ë ï ü ā ē ī ō
ū m̄ ñ à è ì ò ù á é í ó ú â ê î û
℣ ℟ * „ § † ( ) [ ] - ' , ; ? ! : .

A B C D E F G H I J
K L M N O P Q R S
T U V X Y Z Æ OE W.

A c s a d f p e s b d i m q t o
n r u l & x k h v j y g z.

A	e	i	o	u
ba	be	bi	bo	bu
ca	ce	ci	co	cu
da	de	di	do	du
fa	fe	fi	fo	fu
ga	ge	gi	go	gu
ha	he	hi	ho	hu

ja	je	ji	jo	ju
la	le	li	lo	lu
ma	me	mi	mo	mu
na	ne	ni	no	nu
pa	pe	pi	po	pu
qua	que	qui	quo	quu
ra	re	ri	ro	ru
sa	se	si	so	su
ta	te	ti	to	tu
va	ve	vi	vo	vu
xa	xe	xi	xo	xu
za	ze	zi	zo	zu
bla	ble	bli	blo	blu
bra	bre	bri	bro	bru
cla	cle	cli	clo	clu
cra	cre	cri	cro	cru
dla	dle	dli	dlo	dlu
dra	dre	dri	dro	dru
fla	fle	fli	flo	flu
fra	fre	fri	fro	fru
gla	gle	gli	glo	glu
gra	gre	gri	gro	gru
pla	ple	pli	plo	plu

pra	pre	pri	pro	pru
pha	phe	phi	pho	phu
phra	phre	phri	phro	phru
tla	tle	tli	tlo	tlu
tra	tre	tri	tro	tru
vla	vle	vli	vlo	vlu
vra	vre	vri	vro	vru

L'Oraison Dominicale.

NO tre, Pé re, qui, ê tes, aux, Ci eux : que, vo tre, Nom, soit, sanc ti fi é : que, vo tre, rè gne, ar ri ve : que, vo tre, vo lon té, soit, fai te, en, la, ter re, com me, au, ci el, don nez – nous, au jour d'hui, no tre, pain, quo ti di en : et, nous, par don nez, nos, of fen- ses, com me, nous, par don- nons, à, ceux, qui, nous, ont, of fen sés : Et, ne, nous, indui sez, pas, en, ten ta ti on, mais, dé li vrez - nous, du, mal. Ain si, soit-il.

La Salutation Angélique.

JE, vous, sa lue, Ma rie, plei- ne, de, grâ ces, le, Sei gneur, est, a vec, vous : vous ê tes, bé- nie, en tre, tou tes, les, fem mes, et, Jé sus, le, fruit, de, vos, en- trail les, est, bé ni.

Sain te, Ma rie, Mè re, de, Dieu, pri ez, pour, nous, pau vres, pé cheurs, main te nant, et, à, l'heu re, de, no tre, mort. Ain si, soit il.

Le Symbole des Apôtres.

JE, crois, en, Dieu, le, Pè re, Tout-puis sant, Cré a teur, du, Ci el, et, de, la, Ter re : et, en, Jé sus-Christ, son, Fils, u ni- que, No tre, Sei gneur, qui,

a , é té , con çu , du , Saint-
Es prit , est , né , de , la ,
Vier ge , Ma rie , a , souf fert ,
sous , Pon ce-Pi la te , et , a , é té ,
cru ci fi é , est , mort , et , a é té ,
en se ve li : Est , des cen du ,
aux , En fers , et , le , troi si è me ,
jour , est , res sus ci té , des ,
morts : Est , mon té , aux , Ci eux ,
est , as sis , à , la , droi te , de ,
Dieu , le , Pè re , Tout-Puis sant ,
d'où , il , vien dra , ju ger , les , vi-
vans , et , les , morts.

Je , crois , au , Saint-Es prit :
la , Sain te , E gli se , Ca tho-
li que , la , Com mu ni on , des ,
Saints , la , ré mis si on , des ,
pé chés , la , ré sur rec ti on , de ,
la , chair , la , vie , é ter nel le.
Ain si , soit-il.

La Confession des Péchés.

JE, me, con fes se, à, Dieu, Tout - Puis sant, à, la, bien-heu reu se, Ma rie, tou jours, Vier-ge, à, Saint, Mi chel, Ar chan ge, à, Saint, Jean-Bap tis te, aux, A pô tres, Saint, Pier re, et, Saint, Paul, à, tous, les, Saints, par ce que, j'ai, beau coup, pé ché, par, pen sées, par, pa ro les, et, par, ac ti ons. J'ai, pé ché, par, ma, fau te, par, ma, fau te, par, ma, très-gran de, fau te, c'est, pour quoi, je, sup plie, la, bien heu reu se, Ma rie, tou jours, Vier ge, Saint, Mi-chel, Ar chan ge, Saint, Jean-Bap tis te, les, A pô tres, Saint, Pier re, et, Saint, Paul, et, tous, les, Saints, de, pri er, pour, moi, le, Sei gneur, no tre, Dieu. Ain si, soit-il.

La Bénédiction de la Table.

Bé nis sez-nous, Sei gneur, et, que, la, main, de, Jé sus-Christ, bé nis se, la, nour ri tu re, que, nous, al lons, pren dre.

Au, nom, du, Pè re, et, du, Fils, et, du, Saint-Es prit.

Ain si, soit-il.

Les Grâces après le Repas.

Nous, vous, ren dons, grâ ces, ô, Dieu, Tout-Puis sant, qui, vi vez, et, ré gnez, dans, tous, les, siè cles, des, siè cles.

Ain si, soit-il.

Que, les, â mes, des, fi dè les, tré pas sés, re po sent, en, paix, par, la, mi sé ri cor de, de, Dieu.

Ain si, soit-il.

Prière qu'on dit le matin, à midi, et le soir, quand l'Angelus sonne.

L'Ange du Seigneur porta la nouvelle à la Vierge Marie : et elle conçut par l'opération du Saint-Esprit.

Je vous salue, Marie, pleine de grâces, le Seigneur est avec vous, vous êtes bénie entre toutes les femmes, et Jésus, le fruit de vos entrailles est béni.

Sainte Marie, Mère de Dieu, priez pour nous, pauvres pécheurs, maintenant et à l'heure de notre mort. Ainsi soit-il.

Je suis la servante du Seigneur, qu'il me soit fait selon votre parole.

Je vous salue, Marie, etc.

Sainte Marie, Mère de Dieu, priez, etc.

Et le Verbe s'est fait chair, et a demeuré parmi nous.

Je vous salue, Marie, etc.

Sainte Marie, Mère de Dieu, priez, etc.

Prions.

RÉPANDEZ, s'il vous plaît, Seigneur, votre grâce dans nos âmes, afin qu'ayant connu par la voix de l'Ange, l'Incarnation de Jésus-Christ votre Fils, nous arrivions par sa Passion et sa Croix, à la gloire de sa Résurrection; Par le même Jésus-Christ Notre-Seigneur. Ainsi soit-il.

Les Commandemens de Dieu.

UN seul Dieu tu adoreras,
Et aimeras parfaitement.

2. Dieu en vain tu ne jureras,
Ni autre chose pareillement.

3. Les Dimanches tu garderas,
En servant Dieu dévotement.

4. Tes Père et Mère honoreras,
Afin que tu vives longuement.

5. Homicide point ne seras,
De fait ni volontairement.

6. Luxurieux point ne seras,
De corps ni de consentement.

7. Bien d'autrui tu ne prendras,
Ni retiendras à ton escient.

8. Faux témoignage ne diras,
Ni mentiras aucunement.

9. L'œuvre de chair ne convoiteras,
Qu'en mariage seulement.

10. Biens d'autrui ne désireras,
pour les avoir injustement.

Les Commandemens de l'Eglise.

Les Fêtes tu sanctifieras,
En servant Dieu dévotement.
2. Les Dimanches la Messe ouïras,
Et Fêtes de commandement.
3. Tous tes péchés confesseras,
A tout le moins une fois l'an.
4. Ton Créateur tu recevras,
Au moins à Pâques humblement.
5. Quatre-tems, Vigiles jeûneras,
Et le Carême entièrement.
6. Vendredi chair ne mangeras,
Ni le Samedi pareillement.

DEVOIRS DES ENFANS.

Les Enfans doivent honorer leurs pères et leurs mères, en tout âge, en tout état. Ils doivent leur obéir en toutes choses, où Dieu n'est point offensé. Ils leur doivent amour et respect aussi bien dans les châtimens que dans les caresses. Ils doivent éviter avec grand soin de les attrister ou de les mettre en colère. Ils doivent les assister dans leur pauvreté, jusqu'à tout vendre pour cela.

Le repentir des fautes est le salut de l'âme.

Le mensonge est l'objet du plus grand mépris.

L'oisiveté n'apprend qu'à mal faire : elle est la mère de tous les vices.

F I N.

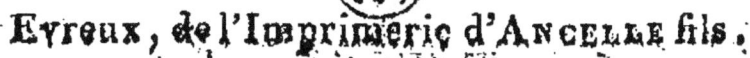

Evreux, de l'Imprimerie d'Ancelle fils.

www.ingramcontent.com/pod-product-compliance
Lightning Source LLC
Chambersburg PA
CBHW061626040426
42450CB00010B/2696